カラフルな魔女

角野栄子の物語が生まれる暮らし

角川書店

『カラフルな魔女』になってしまった

子どもの頃、戦争があった。大変窮屈な時代だったから、そこから解放されたとき、この自由な気分はもう絶対放したくない！と思った。戦後も食糧は非常に乏しく、何もかもが足りなくて、我慢、我慢が続いた。でも、縛られていた糸がほどけるように、まわりの空気は変わっていった。そして、本当にささやかなことから、自分の好きなものを自分で選ぶ自由が手に入るようになった。たとえば、手ぬぐいの模様、下駄の鼻緒など……。好みのものを初めて選ぶことができたときの嬉《うれ》しさは、今でも忘れられない。それが、「人と違ってもいいから、自分の『好き』を大切にする」という私のスタイルに繋《つな》がっていった。そして、世の中に合わせるのではなく、「自分がなりたい大人になろう!」と決意した。時にはわがままに見えたかもしれない。時には孤独だった。でも、悔いはない。自由はかけがえのないものだから。私の暮らしの中で、一番大切にしているのは、気持ちが自由になること。食べるものも着るものも、シンプルで軽く、気持ちがいいもの。どこか気持ちが引っかかったら、できる限り避けたい。そう思いながら、自由で心地よいものを選び続けていたら、なんと『カラフルな魔女』になってしまったみたい。

角野《かどの》栄子《えいこ》

カラフルな魔女

角野栄子の物語が生まれる暮らし

CONTENTS

第1章
魔法の「料理」と「暮らし」

栄子さんの毎日はなんだか楽しい。
朝はだいたい8時起き。
ちょっぴり手抜きもあるけれど
自分が食べたい朝ご飯を作って食べ
そして夕方まで執筆。
仕事が終わるとお散歩に出かける。
とんびに話しかけたり、絵を描いたり
まるで遊ぶように、でも、大切に暮らす日々。

栄子さんは88歳

こないだ7歳がふたつだと思っていたら、
今はもう8歳がふたつになっちゃった。
だからね、「8つの双子」って言ってるの。

魔法のトマトソース

トマトソースを使った
スパゲッティは
娘や、娘の友達にも好評なんです。
「スパゲッティ屋のほうが
いいんじゃない？」
なんて言われるくらい。

ルーチのトマトソース

Eikoバージョン簡単レシピ

手際よく野菜を切っていきます

玉ねぎ、にんじん、
トマトにセロリ。
たっぷりのパセリを
ザクザク切って
鍋に入れ、
ホールトマトも加えます。

香りづけのにんにくも、
普通はオイルで炒《いた》めるけど、
栄子さんは圧力鍋《なべ》を使って
野菜と一緒に煮込みます。

柔らかくクタクタになったら、
ミキサーに入れてトロトロに。

鍋に入れてクツクツ温めて。

赤ワインとオリーブオイルを
さっと加えて、……そうそう、
バジリコ、の代わりに青じそ。
これも入れなきゃ。

塩と黒胡椒《こしょう》で味を調えたら出来上がり！

圧力鍋で煮込まれた
ソース

栄子さんがブラジルのサンパウロで暮らしていたとき、同じアパートに住んでいたサンバ歌手のルーチ・アマラルさん（p96 ルイジンニョのお母さん）に教わったトマトソース。

教わってから60年以上も作り続けている。

当時はまだ、今のように西洋料理が身近なものではなかった。日本のトマトソース・スパゲッティといえば、甘みの強いケチャップが主流だった。

でもルーチが作ってくれたのは、まったくの別物。

みずみずしくて酸味のあるトマトや、甘みのある玉ねぎ、独特な香りのセロリなど、生の野菜を鍋にゴロゴロ入れて作るトマトソースは、香りが高く味わいがあり、初めて食べたとき「なんて、おいしいんだろう！」と感動した栄子さん。

日本に帰ってから作ったトマトソースのスパゲッティは、娘のりおさんの大好物になった。

あまり出回っていないバジリコの代わりに、青じそを入れた。

「これは、これでおいしいのよ」

いまも栄子さんは青じそを入れる。ソースの中にハンバーグを入れたり、鶏肉《とり》と一緒に煮込んだり、アレンジできるのもこのソースのいいところ。

ミートソースのスパゲッティは、当時遊びに来ていたりおさんの友達にも好評だったそうで、

「彼女たちが言うのよ。『作家よりも、スパゲッティ屋のほうがいいんじゃない』って（笑）」

出来上がったトマトソースのスパゲッティ

バタバタバターライス

ご飯におかか。
そこに
バターをのせて
お醤油《しょうゆ》かけて。
バタバタバタっと、作っちゃう
バタバタバタバターライス！

〝バタバタバターライス〟と名付けられた、このご飯は、仕事で遅く帰ってきて、食事の支度をするのが面倒なときに、栄子さんがよく作る簡単料理のひとつ。

「冷凍庫に保存してあるご飯を温めて、バタバタバタっと作るから、バタバタご飯！」

お茶碗《ちゃわん》に盛ったアツアツご飯に、おかかをふわっとかけて、ひとかけらのバターをポンとのせたら、最後に醤油をひとまわし。

「ふふふ、これぞバタバタバターライス！」

1日3食、毎日決まった時間に食事をするという栄子さん。

なるべくいい素材や調味料を使うことをモットーにしている。なぜって、「それだけで、手をかけなくてもおいしくなるから」。

だからシンプルな料理を作って食べることが多い。

よく作るのは〝○○だけ料理〟。○○に入る素材は、そのときどきに手に入った旬のものなど。

それだけで作る料理とは。

たとえば、新生姜《しょうが》が出回る季節のお楽しみは〝ショウガだけチャーハン〟。作り方はとっても簡単。まずはたっぷり（本当にたっぷり）の新生姜をみじん切りにちゃちゃちゃっと切る。弾みながら、歌《うた》うようにちゃちゃちゃっと切る。

「だって、なんか弾みながら作りたいじゃない。うれしい気持ちでものを書かないとうれしくならないように、うれしい気持ちをもって料理を作らないと、うれしくならない。ちゃちゃっと大根を切って〜♪　みたいな。そういう気持ちがないと大根も生姜もおいしくないかな、と思って」

「バタバタバタって作る、これぞバタバタバターライス！」

ショウガだけチャーハンの出来上がり！

ちなみに、〝ショウガだけチャーハン〟の生姜は「不ぞろいのほうが味わいに面白味が出るから」と、あえてザクザクとしたみじん切りにする。均一にしないことが、〝ショウガだけチャーハン〟のおいしさの秘密だという。

フライパンにご飯と生姜を入れて炒めたら、味付けはシンプルに塩とさっとかける醤油だけ。ササッと炒めて、はい、出来上がり！おいしそう！

〝キャベツだけサラダ〟や〝にんじんだけサラダ〟といった〝〇〇だけ料理〟は、栄子さんの食卓にはよくのぼる。他にも、砂糖を入

この日の朝ご飯！　おいしそう

れずに炊《た》いた小豆《あずき》にはちみつをかけたものや、食べやすく切ったきゅうりに、みそやクリームチーズ、すりごまなどを使って、その日の気分で作ったディップを添えたり。シンプルながらも豊かな食卓だ。

愛がないわけではなく、けちんぼっていうわけでもない。少々手抜きだけど、栄子さんの大好きな料理たち。

「贅沢《ぜいたく》なご飯というよりも、本当においしいと思える、自分の好きなものがいいのよね」

いたずら歩き

いいでしょ、この道。
迷子になるのも面白いものよ。

栄子さんが鎌倉《かまくら》に移り住んだのは66歳のとき。

「海の近くで暮らしたかったし、空気もきれいだったから」

夏はちょっと涼しくて、冬はちょっと暖かい。かれこれ22年、鎌倉で暮らしている。


朝8時に起床、しっかり朝ご飯を食べて、パソコンの前に。夕方、仕事を終えると身支度をして、散歩に出かける。

鎌倉の町を行き先を決めることなく、
わざと知らない小径《こみち》に入り込んだり、ひょいと曲がってみたりして。

ずんずんと歩く。

楽しそうに前へ、前へと進んでいく。

「でたらめに歩くのが好き。名付けて〝いたずら歩き〟」

あっちに行ったり、こっちに行ったり。そっちに行ってもいい。この道がどこに通じているかなんて、あんまり考えない。わざわざ迷子になるのも、けっこう面白い、と。

「たいていは、お日様の位置を見れば東西南北が分かるのよ」

鎌倉の場合は、南に行けば必ず海がある。海に出れば、自分の居場所が分かるし、居場所が分かれば、家に帰れる。

「ふふふ、なんだか私、船乗りみたいね」


散歩の途中に寄るのは、小さなカフェ。

「いつものやつ」と注文すると、出てきたのはエスプレッソだ。

「お砂糖はたっぷり入れます！」なんと、ティースプーン２杯の砂糖を入れる。

カウンターで立ったまま飲んで、さっと帰っていく栄子さん。

鎌倉の海

山よりも海が好き。

「何しろ海は好きですよ。何か生まれそうじゃないですか。
水平線は何か生まれるって感じがするの。
なにか面白いものが現れるんじゃないかって」
海を見るたび、そんなワクワク感が栄子さんの胸にこみあげる。

海辺を散歩していて、とんびの鳴き声が聞こえてくると、
「群れをなして飛びながら、いろいろと言葉を交わしているんじゃない？　あっちに行けば食べ物があるよ、こっちには良い風が流れているよ、なんてみんなで会議しているのよ」

海に浮かぶヨットやサーフィンをする人の姿を眺めながら、
「甘い蜜《みつ》に群がったちょうちょのように、ウィンドサーフィンが遠くに集まっていた」

水辺の、砂の上に無数についた足跡を追う。

裸足《はだし》で海に入る！　子どものようにはしゃぐ栄子さん

よちよち歩く赤ちゃんや走る犬の姿を見る。

小さいころ、夏になると千葉の海で過ごしたことを思い出す。

「姉と一緒に砂のお城を作っていたの。でも、日が暮れてきて、波がお城を少しずつなめるように崩しちゃった」


海を眺めながらぼうっとする。

「遠くのほうから何かを運んでくるような気もするし、こっちの気持ちをもっていくような気もするし」


いつまでも見飽きることのない、海。

波っていいですよね。
なんとも言えないですよね。
音がすばらしいでしょう。

地球の音ですよね。

海のかけら

昔の人が使った
お茶碗とかお皿のかけら。
「昔」があるじゃない？　ここに。
使った人の「昔」がある。

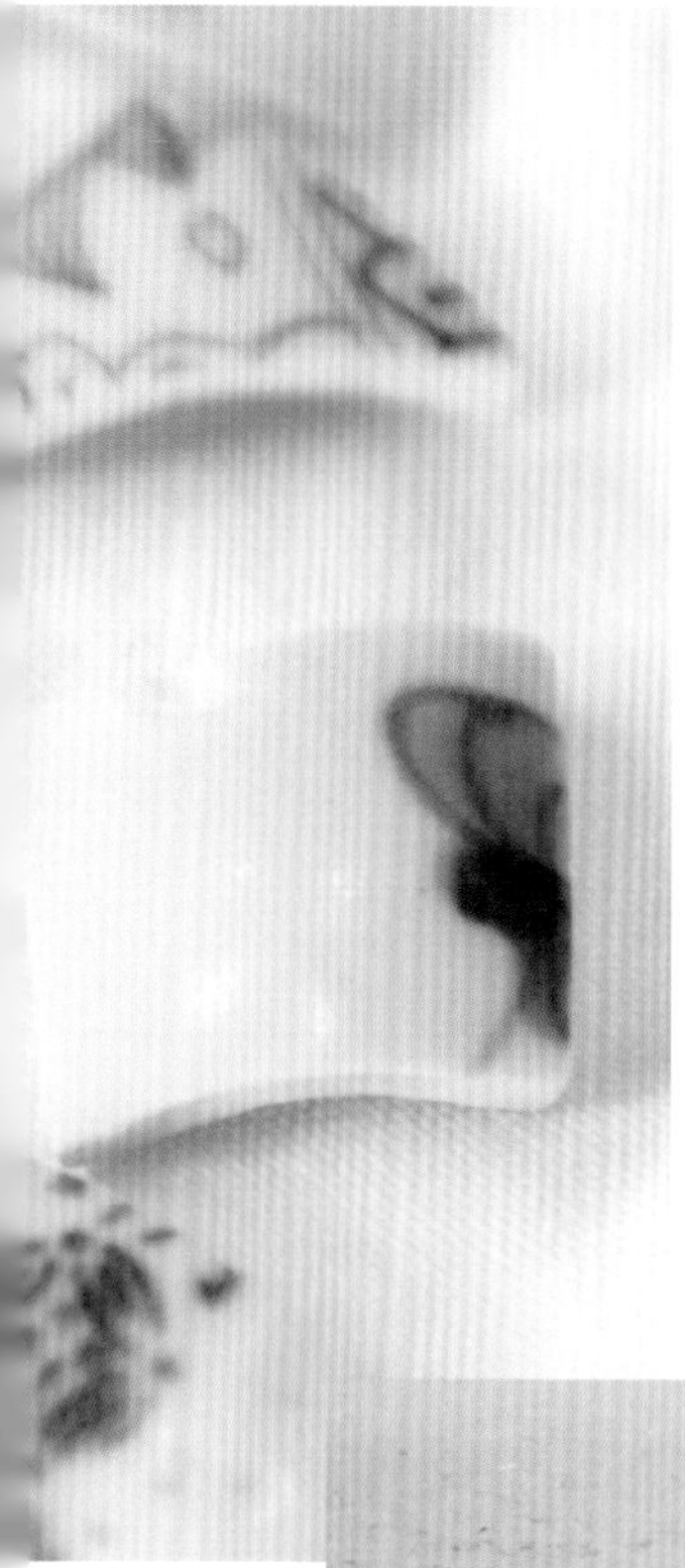

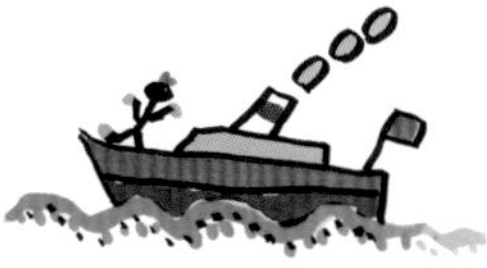

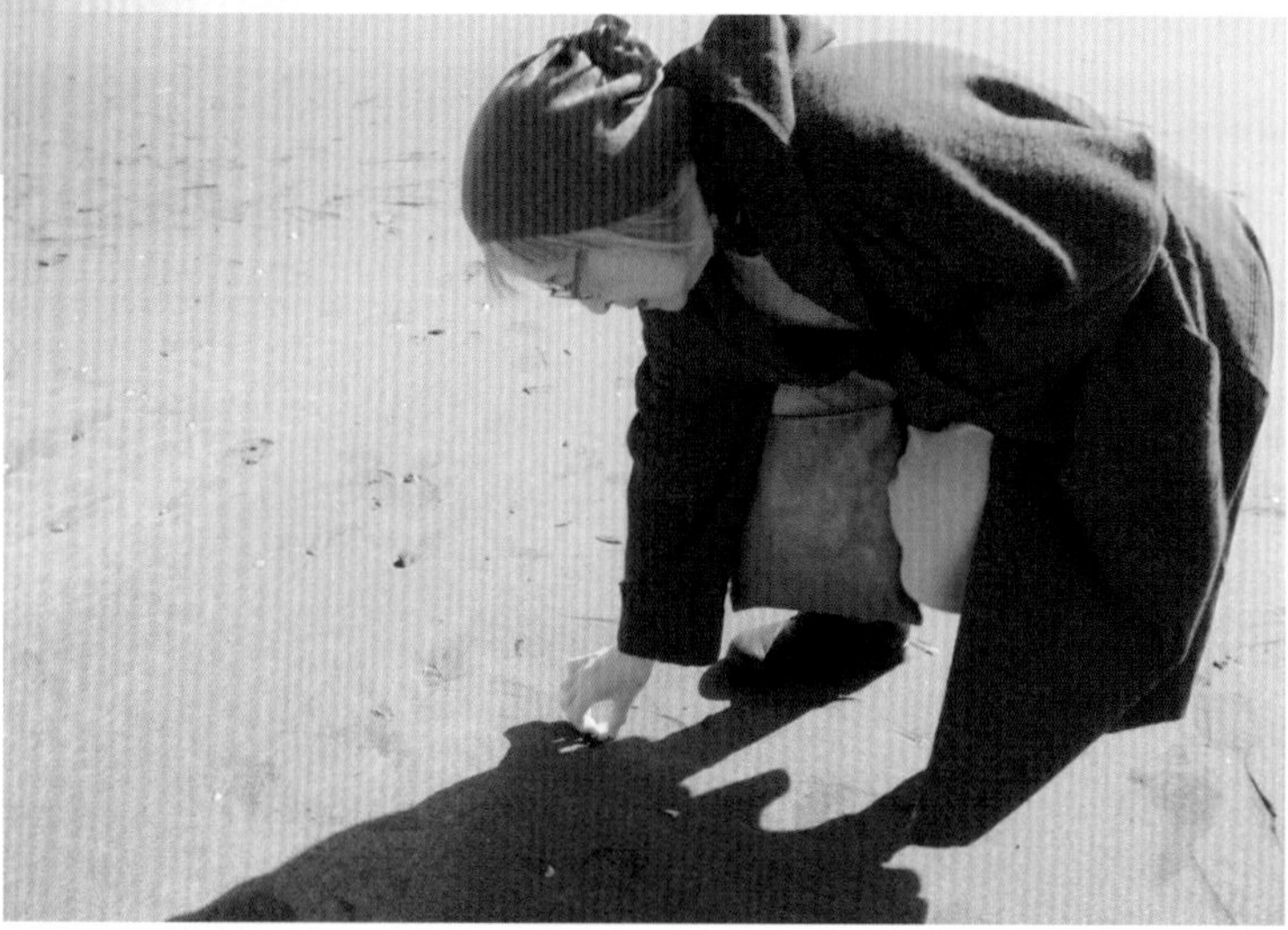

「あっ、あった！」

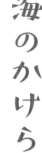

戦利品の数々！　きれいに洗って保管する

海に行くといつも宝探しをする。探しているのは浜辺に流れついた、陶器やガラスのかけら。

「あ、これ。いいわね」

気に入ったものが見つかると、ポケットに忍ばせて、そのまま自宅に持ち帰る。そうして集まった、かけらのコレクション。

いつでもどこでも肌身離さず！

〝黒革の手帳〟

歴代の“黒革の手帳”

散歩に行くときも、旅に出かけるときも、いつでも肌身離さず持ち歩く。分厚い文庫本くらいのサイズで、中は白無地。黒い革で覆われた、通称〝黒革の手帳〟。

「昔、思いついたことをいろんなところに書いてしまうクセがあったの、お箸《はし》の袋とかコースターとか。あとで見直そうと思っても、どこにいったか分からない。それでこういう手帳を作ったの。いつも鞄《かばん》の中に入れて、すぐに取り出して書けるように。50冊ほど作ってもらったのに、もう残り1冊になっちゃった」

巌流島《がんりゅうじま》でシロツメクサを押し花に。「巌流島って漢字書けるかな？」

栄子さんの手帳の中身は、自由きままな落書きだらけ。

出かけた先で目についたものや、心に留まったものを言葉やイラストで書き留める。風景だったり、空想の人物だったり、動物や言葉、詩だったり、物語だったり。

旅先で出合った小さな花をパタンと挟んで押し花に。気に入ったデザインのチケットの半券を貼ったりもする。

ある日、自宅のソファでいたずら描きをしながら、栄子さんは突然不思議なことを思いつく。たとえば

「野菜ってどんな言葉をしゃべるんだろう」

（トマト　まとまと
にんじん　にこにこ
きゅうり　きゅうきゅう
れんこん……）

つぎつぎ、言葉がこぼれてくる。

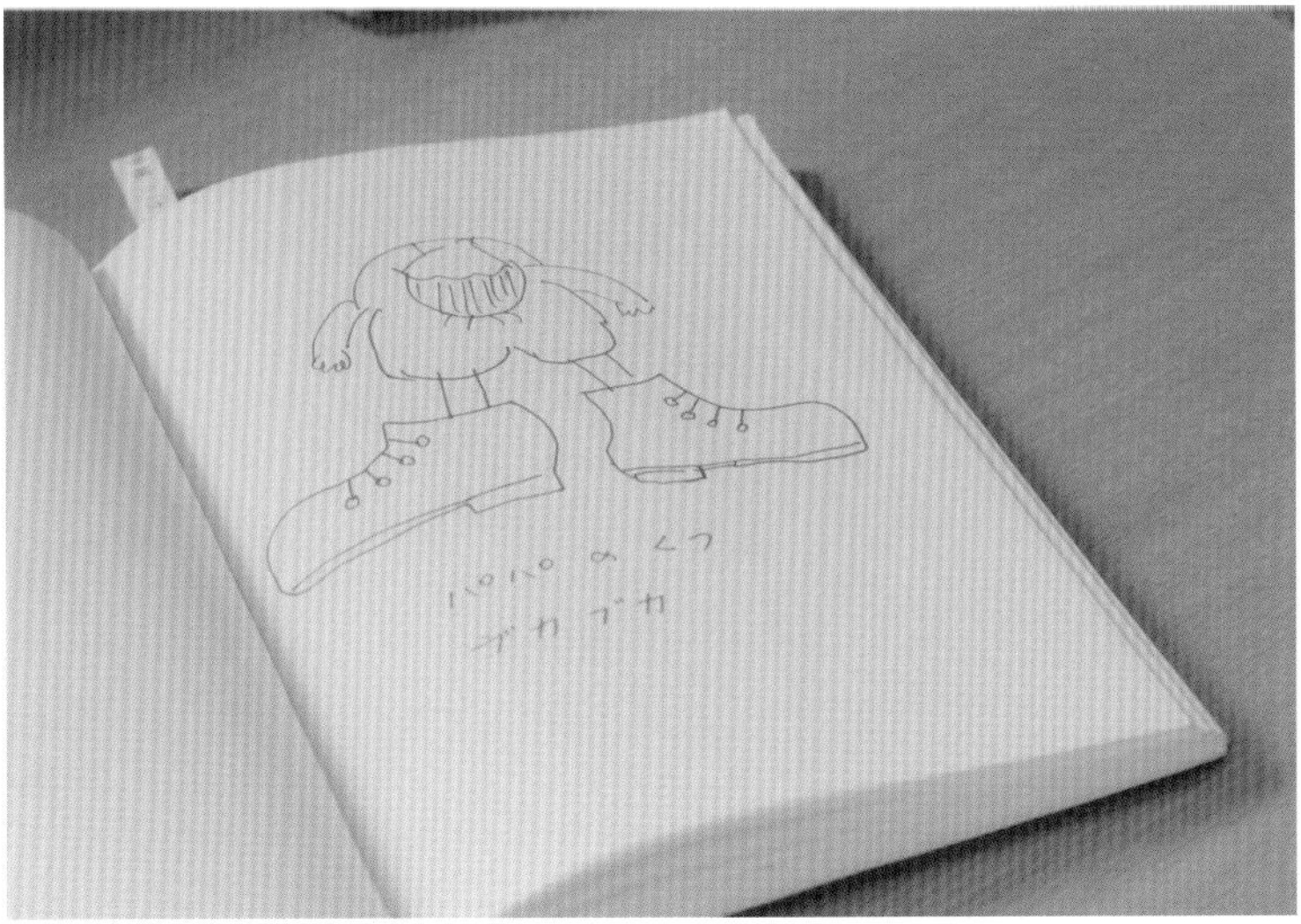

この“いたずら描き”も、物語になる？

夜、テレビから流れてくる音を聞き流しながらこんなふうにいたずら描きをするのが、一番気持ちが安らぐのだと、栄子さんはいう。

そしてこのいたずら描きはみんなにおすすめだそうだ。

絵が描けない人はいない、人に見せないで描けば誰にでも描ける。描けば「おや、楽しいな」と思えるはずだと。

確かに楽しそうだ。

旅は心のエネルギー

なにか
つながっている感じがする。
いろんなところに。
こんなに小さな海だけど。

栄子さんの登場に子どもたちは大興奮！

栄子さんは旅が好き。人生の一部といってもいいほどに。

1959年に渡ったブラジルを皮切りに、ポルトガル、オーストラリア、ギリシャ、イギリス、スウェーデン、デンマーク、タヒチ、クレタ島など、行けるものなら「ほいほい出かけた」。

自分のことを「見たがりやの、冒険好き」という。もちろん、その通りなのだけれど、その根本には子どもの頃から「ここではない、どこか、別の所に行きたい」という思いがいつもあった。

横山さんと久しぶりの再会に話が弾む

　今回、旅先に選んだのは山口県下関《しものせき》市。児童書の専門店「こどもの広場」を営む30年来の親しい友人、横山眞佐子《よこやままさこ》さんに会って下関市内の小中学校で行っている「選書会」に参加するためである。

　選書会とは、その年に出た児童書の新刊数百冊を子どもたちが自由に手に取って読んでみて、学校の図書室に置いてほしい本を選ぶというものだ。

　そこでも40年以上書き続ける「アッチ・コッチ・ソッチの小さなおばけ」シリーズは子どもたちに大人気。

小学校では、アッチ模様のアトリエコート（p60）を着て登場した栄子さんに、子どもたちから大歓声があがった。

もう1か所。下関にいる間に訪れたかった場所、巌流島。

栄子さんがまだ幼いころ、父がその人物になりきって、子どもたちにオノマトペ満載で語ってくれた「巌流島の決闘」は大切な思い出のひとつだ。

巌流島に降り立ってみると、船があちらからこちらへ行き交っていた。

「なんかいいですよね。ここには人の活動みたいなものがあるわね。本当になにか、つながっている感じがするのよ、いろんなところに。こんなに小さい海だけど」

さっそく黒革の手帳を開き、心が動くままに絵を描き始めた。

「人の心の中にある風景とか、人が見た感じの風景。そういう（風景を）物語に描（書）きたいの。だから絵と文章って似ていると思うのよ」

栄子さんがずっと来たかった場所。笑みがこぼれる

小さな思い出たち

物には、物語があるからね。
どんなものでも。

散歩の途中に集めたセミの抜け殻、大行進！

ひとつ、ふたつと増えてしまう思い出たち。

旅先で買った小さな人形や、ペットボトルのキャラクターキャップ。窓際には、散歩の途中で見つけたセミの抜け殻が行進していた。

飾り専用のガラス棚や本棚まで、たくさんの小物たちはギュギュッと満員御礼、もうラッシュアワー。

特に気に入っているのは古い木彫りの人形。ポルトガルの床屋のウインドーに飾ってあった店主手作りのものを、売ってもらった。

すべてのものに、そのときの情景が詰まっている。風景や出会った人々の顔や、そのときの声が。

（写真左）ガラス棚の小さな思い出たち　（右）ポルトガルの床屋の店頭にあった木彫りの人形

誕生日は1月1日

12月31日大晦日《おおみそか》に
喫茶店でコーヒーを飲んでいたら、
小さい男の子がパッと来て言うんですよ。
「僕、明日《あした》お誕生日なの！」って。

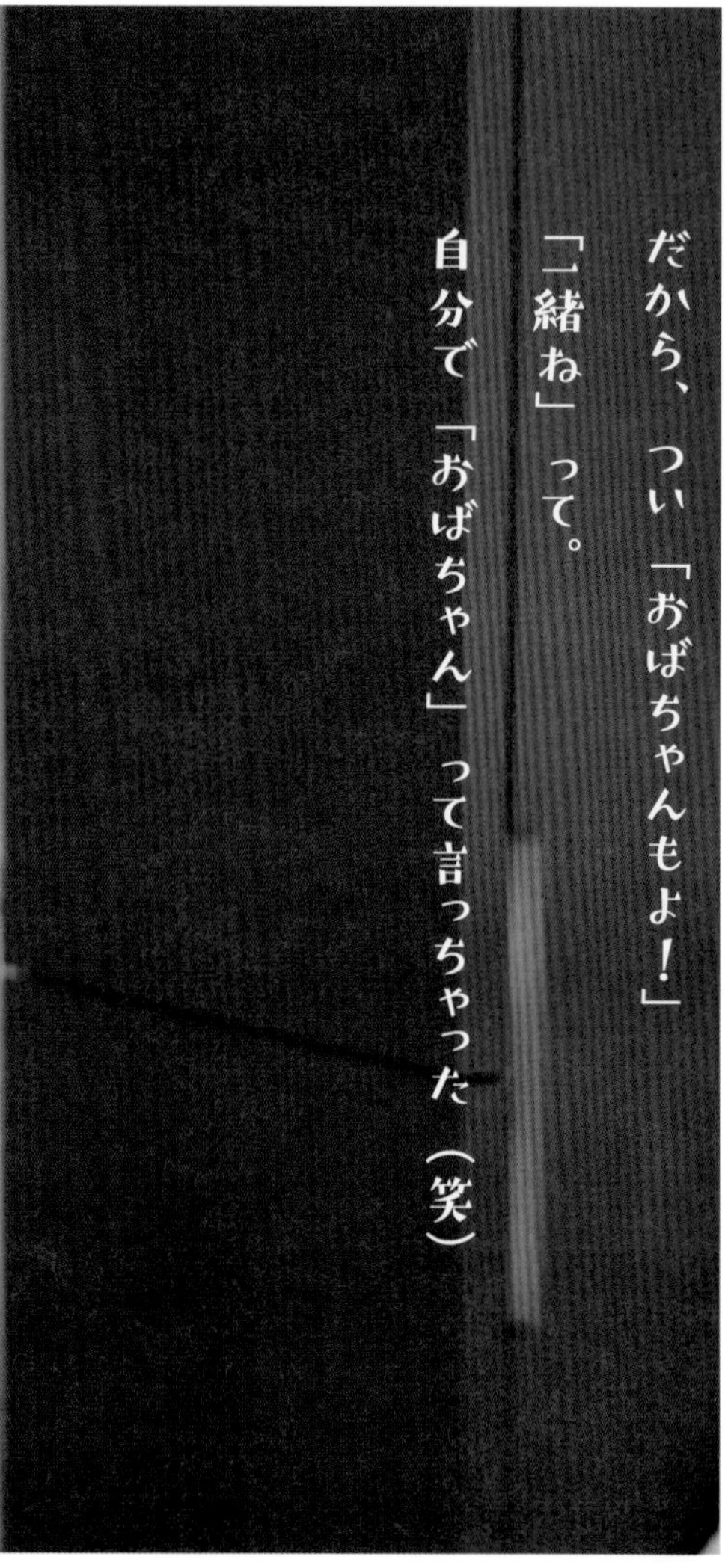

だから、つい「おばちゃんもよ！」
「一緒ね」って。
自分で「おばちゃん」って言っちゃった（笑）

第2章
カラフルな魔女

カラフルなものを身に着けると
会った人が

「可愛いめがねですね」
「きれいな色のワンピースですね」

そう言って笑顔になってくれる。
その人が笑顔になってくれたら
自分も笑顔になれる。
それはカラフルな魔女の魔法です。

栄子さんのワンピース

なにしろ締めつけが嫌なんです。
疲れるでしょう、
洋服の疲れはなるべく排除したい。

でも疲れる疲れるって
私、すごい老人みたいね。
老人なんだけど、
そのつもりじゃないっていうのが
おかしいわね（笑）

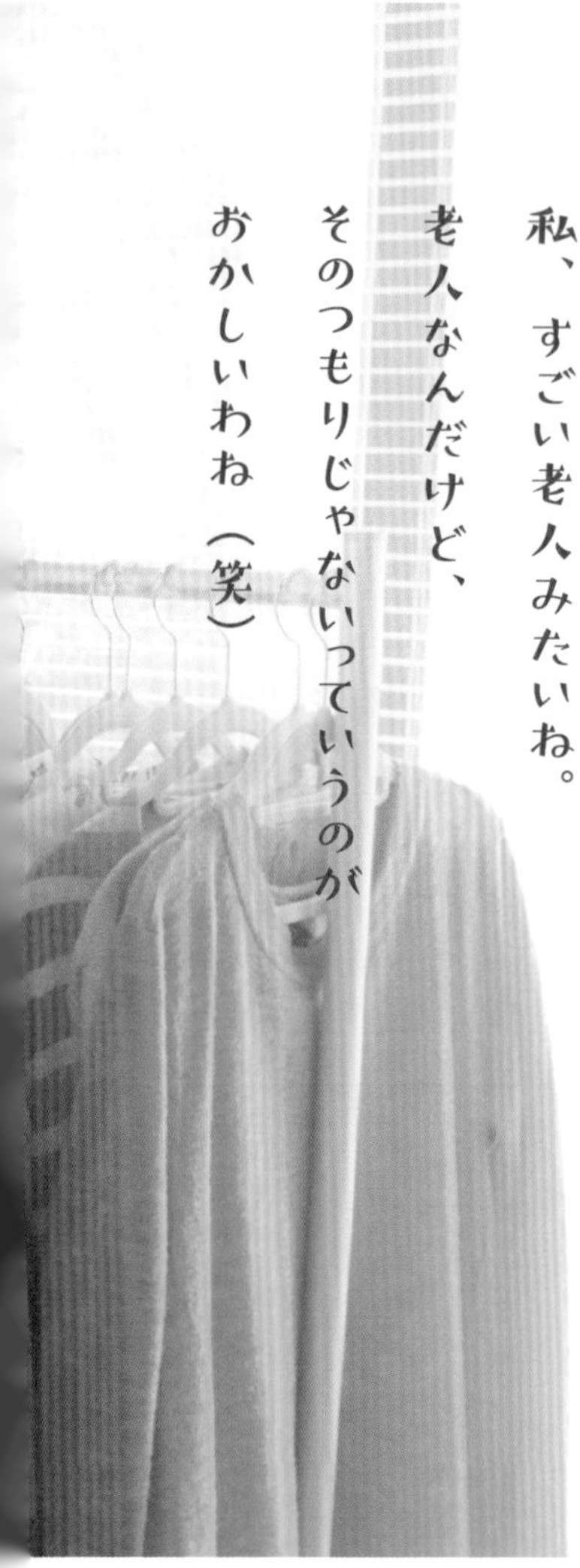

栄子さんといえば、やっぱりワンピース！

昔は市販のワンピースを買っていたけれど、今は、気に入った生地で、洋裁の得意な娘の友人に仕立ててもらっている。

「市販品には私の体に合うワンピースがなかなかないの。アームホールが細かったり、着心地が悪かったり。とにかく締めつけるのが嫌。それだけで体が疲れるでしょう」

自分に合わないものを持っていても気持ちが悪い。それは、物語をつくるときも、洋服を着るときも。「自分にとって気持ちがいいこと。それが基準」

ワンピースは、すべて同じ形。

長年の試行錯誤のすえに辿《たど》り着いた「究極のワンピース」。同じ形でも、生地が違うと驚くほど表情が変わるから飽きることがないし、ネックレスや靴下などの小物使いによって、ふだん着にもよそ行きにもなるすぐれものだ。


細かい工夫も満載。

アームホールは大きく。

「ここがきついと動きにくくて疲れやすくなるし、格好も悪くなる」

首まわりは、小さめのU。

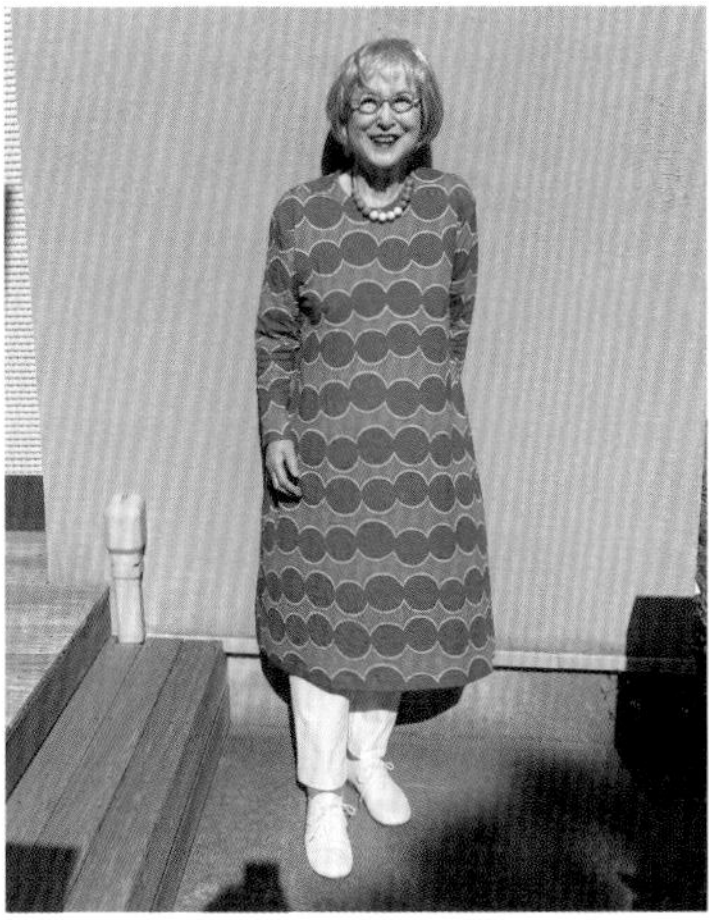

栄子さんの服を選ぶりおさん

「歳を重ねると首まわりが細くなって貧相に見えるでしょう。冷えや肩こりの原因にもなるから、襟ぐりは小さめに」

さらに「重くなるから、裏地はつけません」。

「服を買うときは、必ず持って重さを確かめるの。ハンドバッグもリュックサックも、靴もね。商品のタグっていうの？　あれに値段や素材だけじゃなくて、重量も表記してもらいたいわね」

とにかく軽くて、歩きやすくて、着ていて楽。脱ぎ着がしやすくて着心地もいい。おまけにスタイルも良く見えるワンピース。

色も大事だ。歳を重ねるとどうしても黒やグレー、ベージュなど暗い色を選びがちだけど、カラフルな色こそおすすめだという。

「髪の毛が白くなってから、ピンクや赤、オレンジが不思議と似合うようになったのよ」

カラフルな服を着ていると顔色がパッと明るくなって元気に見えるし、自分も嬉しくなる。しかもそれだけでおしゃれな人だと思われて、シニア世代はおトクなのである。

現在、栄子さんの服は娘のりおさんがコーディネートしている。りおさんのセンスは心強いおしゃれの相棒。二人でカラフルなワンピースや小物を選んでいるその様子は、母を着せ替えて面白がる娘と、娘に付き合って面白がる母の素敵な関係がうかがえる。

りおさんが母のために選ぶファッションセンスは、本にもなっている。

『50代になった娘が選ぶ母のお洋服
魔法のクローゼット』
くぼしま りお（KADOKAWA）

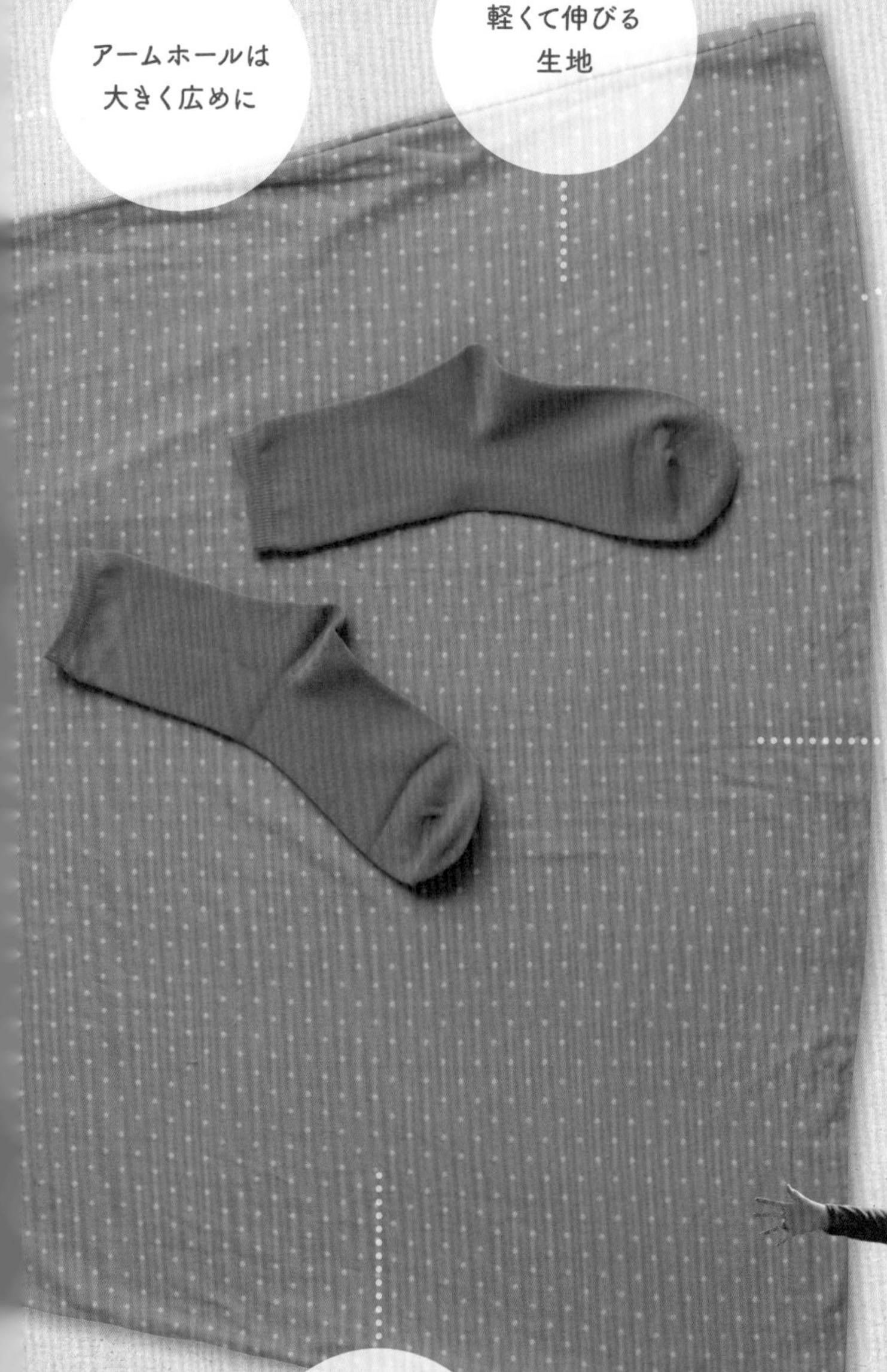
アームホールは
大きく広めに
軽くて伸びる
生地
重くなるので、
裏地は
つけない
歩きやすい
すそ幅
サイズは
たっぷり、
ゆったりした
着心地

疲れないのが
一番！

着心地の良い
工夫がたくさん、

魔法のワンピース

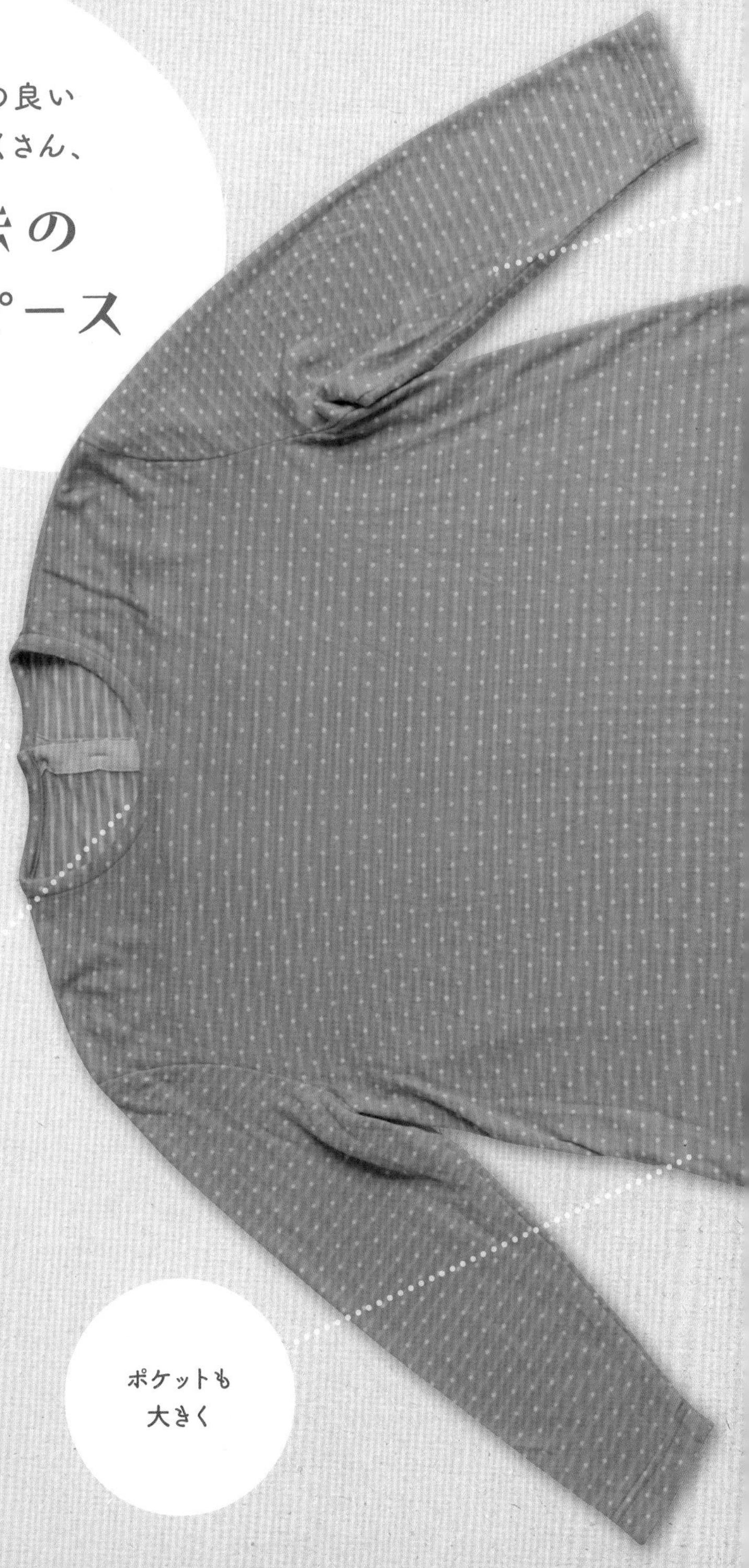

背中には
ファスナー
ではなく、
ボタンがふたつ

Vネックより、
やや小ぶりの
クルーネック

ポケットも
大きく

世界一おしゃれな作業着、アトリエコート

アトリエコートって？　芸術家がよく絵を描いたりするときに着ている、ワークコートを思い浮かべてもらったら分かりやすいだろうか。

エプロンは好きじゃないという栄子さん。ヨーロッパを旅したときに、現地のお母さんたちがこれをサッと羽織って、掃除や洗濯をしている姿を見て、「なんか、いいなと思って」

栄子さんのアトリエコートは長めのシャツワンピースのようなもの。

掃除や洗濯をするときも、「ちょっとそこまで」と買い物に行くときも。起きてすぐにゴミ出しに行くときも。アトリエコートをサッと羽織れば、あっと言う間におしゃれな雰囲気になるから、あら不思議。ボタンを留めればワンピースとしてお客様の対応にもOK。

おしゃれで便利なアイテムなのだ。

（p63・103 ルイジンニョが来宅の際、栄子さんはじょうろ柄のアトリエコートを着ていた）

もちろん、仕事をするときもアトリエコート。

「これを着ると、仕事モードになるんです」

ちなみにアトリエコートは日常着なので、軽いことがとても重要。

着ていて肩が凝ってしまうものはNG。汚れてもすぐに洗えて、重くならない綿シャツのような素材。冬は下に、厚めの肌着やセーターなどを着ることを考えて、少し大きめのサイズにする。

派手でカラフルなものであれば、気持ちも上がる。仕事や家事も楽しくなるだろう。

カラフルなめがね

めがねはふざけたいのよ、私。
パッと誰かに会ったとき
面白いめがねをかけてたら
顔のシワが見えないじゃない。
シワは話題から外れることになる。
そういう、魂胆《こんたん》（笑）

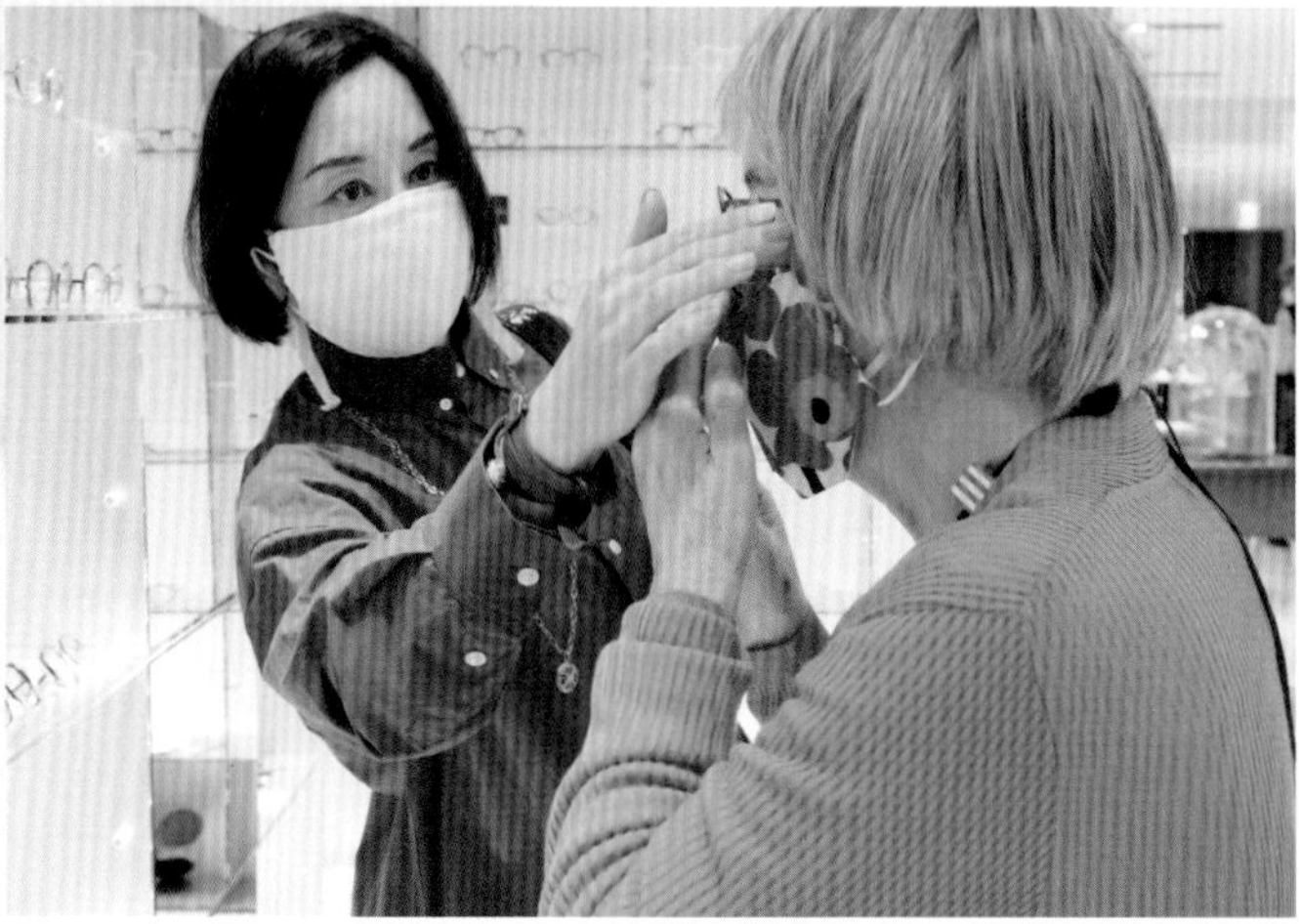

ワンピース以外でトレードマークになっているのが、おしゃれなめがね。それは歳を重ね老眼になってから見つけた、とびきりのお楽しみだ。

若いころから目は良かったという。でも、老眼は超スピードでやってきた。

「どうしよう、永久にめがねおばさんになっちゃう……」

ショックを受けたけれど、いざ、めがねをかけはじめると、

「あれ、意外と悪くない」

なぜなら、顔のシワが目立たなくなったからだ。

「可愛いめがねをかけると、みんなの目がシワじゃなくて、めがねにいくじゃない」

白髪になるにつれて、めがねのカラフル度は加速する。赤やピンクと

いった単色のめがねから、カラフルなチェック柄のめがねまで。形も様々。ゆうに30本以上のコレクションがあるという。

栄子さんはシワ隠しなんていうけれど、カラフルなめがねをかけるようになった理由はもうひとつある。

それは、みんなが笑顔になってくれるから。

88歳の栄子さんがカラフルなめがねをしていたら、会った人はみんな「可愛いめがねですね」「おしゃれですね」と言って笑顔になってくれる。そうすると自分も嬉しくなって、笑顔になれる。

カラフルなめがねはみんなを笑顔にするための、栄子さんの魔法なのである。

キャンディみたいなアクセサリー

ワンピースを彩るカラフルなアイテムたち。

「私、金属アレルギーだから、キラキラしたものがだめなのよ」

でも、キャンディみたいなアクセサリーは、貴金属よりも軽くて疲れにくいし、お手入れも楽。

そしてなにより、かんたんに

おしゃれな雰囲気を醸し出せる。
なかにはヨーロッパの駅の売店で買った数百円のおもちゃみたいなものもあるそうだけど、栄子さんがつけていると、すごくおしゃれ。
それにめがねと同じく、会った人の視線が指輪に向かい、「手のシミやシワに気づかれにくいのがいいところよ」

靴はぺたんこ

すべては自分の足で自由に歩くために。
自分が行きたいと思った場所へ、　どこまでも、
どこまでも歩いていけるように。

鎌倉の町を歩く、歩く

ぺたんこ靴、装着完了！

栄子さんには、行きつけの靴屋さんがある。

自分の足にぴったりと合う靴をオーダーメイドで作り、壊れたり、自分の足に合わなくなってきたら、靴屋さんに持っていって、直しながら、何年も何年も大切に履いている。

ヒールのないぺたんこ靴。

「この歳になるとヒールは履かない。靴の形もいろいろ言わない。どこに行くにもぺたんこの万能靴です」

カラフルな洋服やアクセサリーとは一転、靴は黒や白、茶色、赤など基本の色である。

白い靴に白いワンピース

大事なのはとにかく自分の足にきっちり合うこと。そして履き心地の良いことが大前提。

すべては自分の足で自由に歩くために。自分が行きたいと思った場所へ、どこまでも、どこまでも歩いていけるように。

「カラフルな魔女」を作る娘・りおのこと

自分がイキイキと、楽しまないと
やっぱり物語もイキイキと
楽しいものにならない。
それと同じように、
人との関係、娘との関係も
そうなんだなって思ったの。

りおさんは、「魔法の文学館／江戸川《えどがわ》区角野栄子児童文学館」のアート・ディレクションをつとめるなど、公私にわたって母を支える存在。

31歳で娘のりおさんを出産した栄子さん。

「私は専業主婦だった。小さい娘と二人で、ご飯を作って食べて、洗濯をして、掃除をして……そんな毎日の繰り返しで。なんていうか、焦燥感があったのです」

一人の人間として「今日しなければならないこと」が何もなかった。自分というものがなかった。そのとき、

「『今日は何があるかしら』と、ときめく気持ちをもちたいと思いました。そういう気持ちをもって1日を暮らしたいと願ったんです」

そして、栄子さんは35歳で作家デビューを果たした。

りおさんと栄子さん

「仕事を始めるようになって『あ、同じだ』って思ったんです。自分が楽しまないと、物語も楽しいものにならない。それと同じように、子どもとの関係も（楽しまないと）楽しくはならないんだな、って」

子育ても作家も楽しんでいこう。栄子さんはそう思った。

第3章
作家・角野栄子

父と母、戦争、大好きな旅……
たくさんの経験を背景に
88歳になった今も
作家であり続ける栄子さん。

「でももし、あのとき
ブラジルに行かなかったら
ルイジンニョに出会っていなかったら
私は作家になっていなかったかもしれない」

描くこと、書くこと

ライオンのオンラインン。
たてがみを立てていろんなことを
キャッチするっていう
話なんですけど、
この名前がちょっと
気に入ってるわけです。

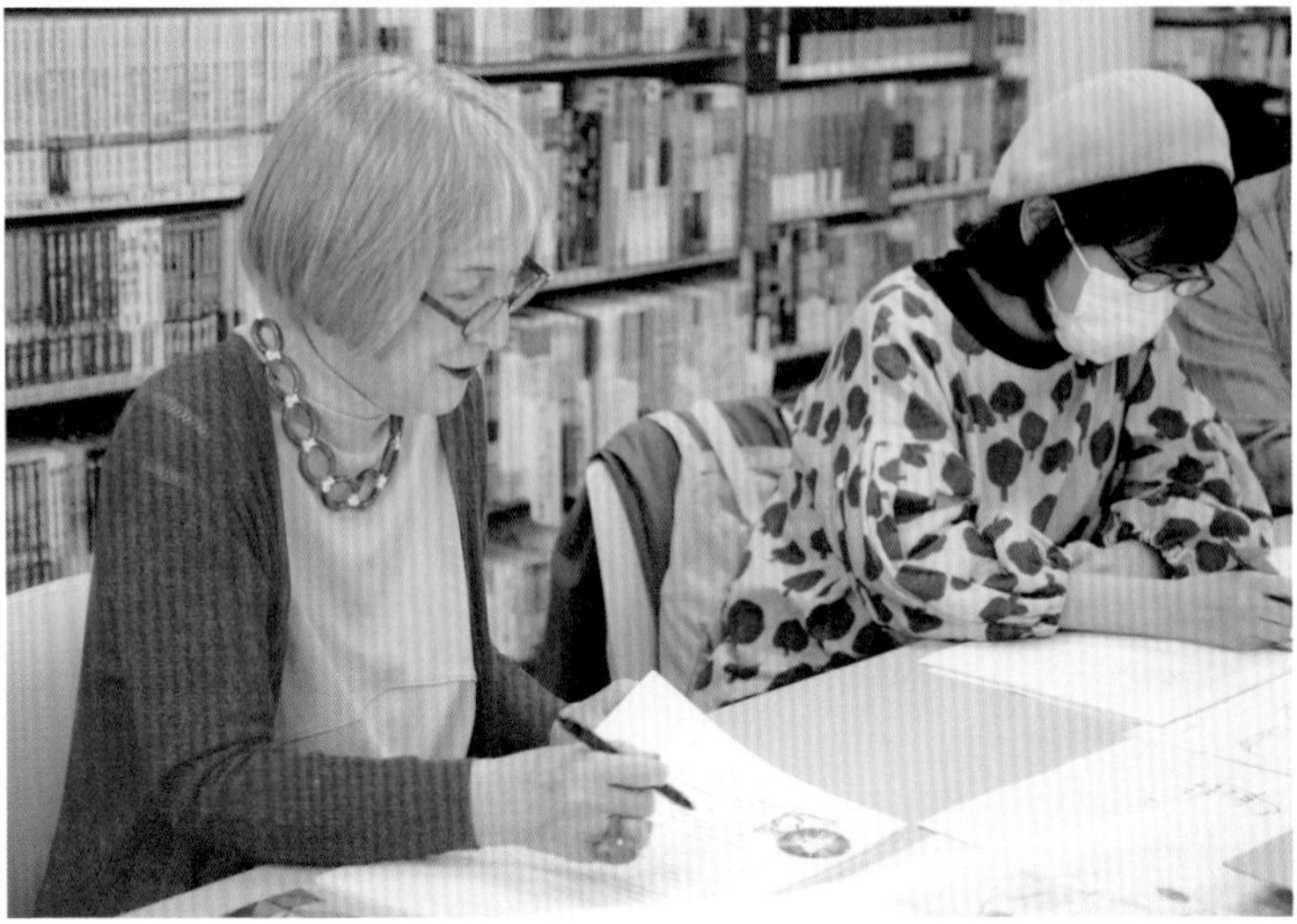
出版社でイラストレーターのよしむらめぐさんと打ち合わせ

栄子さんの大好きないたずら描きから、物語が生まれることもあるそうだ。
この日も、お話を含んだ落書きが始まった。絵だけじゃなくて、吹き出しのセリフも入れたりして。

「ライオンのオンラインっていうのよ。気に入ってるの。おもしろいでしょ?」

たてがみをまさにアンテナのように立てて、いろんなことをキャッチするライオン。
そして、甲羅《こうら》の上にタンポポが咲いているカメ。

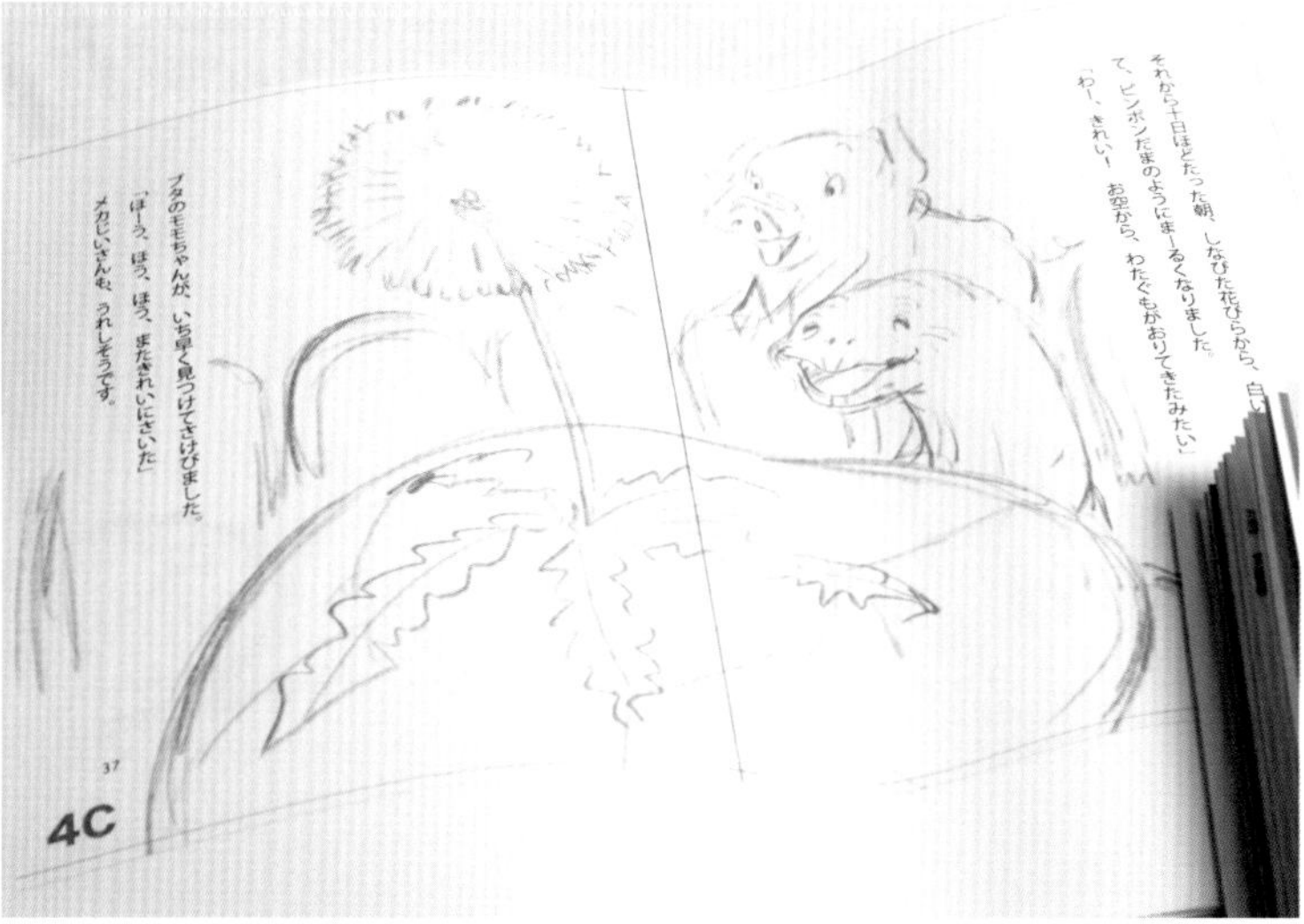

「タンポポが咲いたカメ」のラフ画

「このカメは、すごくおじいさんなの。天から種が落ちてきて、カメの甲羅でタンポポが咲くの。それを自分の子供のように大事にしててね」

これらのイラストから生まれた物語は、幼年童話として刊行された。

『ねこぜ山どうぶつ園』(金の星社)

父と母から教わった、見えない世界のこと

今の言葉で言えば
ファンタジーだけど、
違う世界、見えない世界が
持っているカっていうものを、
知らず知らずのうちに
教えてくれたような
気がするのね。

栄子さんの代表作『魔女の宅急便』は、〝見えないものを見る〟ことがひとつのテーマになっている。

たとえば、キキのお母さんのコキリさんが娘を励ますために言う台詞。

キキならだいじょうぶよ。
あれこれ心配しないで、じっとよく見るの。
自分の心の中も、まわりの風景も。
見えないものもじっと見るの。

（『魔女の宅急便その2　キキと新しい魔法』より）

「見えない世界を見ようとするとか、考えるということを、私は強烈に感じながら生きてきた気がするの。昔からずっと考えていたのは、死んだら人はどこに行くのだろうということ」

見えない世界があることを、強く意識するようになった背景には、5歳のとき母と死別したことが大きい。そして父は、母親を亡くした子どもたちを深い愛情で育ててくれた。

「お盆のときに、迎え火を焚《た》くじゃない？　そのときに父が必ず言うの」

門のところで家族全員並んで、手を合わせていると、

「『今年はちょっと模様替えをしましたから、足元にお気を付け下さい』『たんすの位置を変えましたから、ぶつからないようにして下さい』って。それを聞いて、私たちは母が帰ってきていると思ったの。きっと家のどこかに上手に隠れていると思ったんです」

父

目には見えないけれど、確かに違う世界というものがあることを知り、見えない世界に魅《ひ》かれていった栄子さん。

「宅急便というのは物を運ぶでしょう。物というのは、見えない世界を持っているわけ。作った人の思いも込められているけど、それを持っていってくれ、と頼む人の願いも込められているの。魔女ってやっぱり、境目にいる人なのよ。見える世界と見えない世界の境目にいて、そこをつなげているのが魔女なのね」

『魔女の宅急便』（福音館書店）

戦争と「現在進行形」

疎開先で。後列左端が栄子さん

戦争が終わると自由になった。
何にもないんだけど、
焼け野原なんだけど、
それでも自由になったし、
それはとても素晴らしい
ことだと思った。

1935（昭和10年）、栄子さんは東京・深川《ふかがわ》に生まれる。

6歳のときに太平洋戦争が勃発。栄子さんは山形や千葉にある田舎町に疎開する。

大好きなお父さんとは離ればなれ。毎日食べるのもギリギリで、「人の家の庭になっていた柿を喉《のど》から手が出る思いで見ていた」。

学校に通う途中にあった「暗くて真っ黒な、トンネルのように長くて大きな森がとにかく怖かった」。

「入口のところで『五年二組、角野栄子通りまーす』って自己紹介して走って通り抜けました。森と仲良くなれば怖くなくなると思って」。

このときの体験を元に生まれたのが『トンネルの森 1945』だった。

そして10歳のとき、終戦を迎えた。

『トンネルの森　1945』
（単行本版・KADOKAWA）

学生時代

「それまで外国のニュースはまったく入ってこない。日本は勝つんだ、神風が吹くんだみたいなことの一点張りで、日本中がそれを信じていた。締めつけられていた。でも、戦争が終わると自由になった。何にもないんだけど、焼け野原なんだけど、それでも自由になったし、それはとても素晴らしいことだと思ったの」

戦後、一気に流れ込んで

きた外国の文化に栄子さんは胸を躍らせる。

中学生になると、それまで禁じられていた英語を学校で習うようになった。そこで「ｂｅ動詞＋〜ｉｎｇ」、つまり〝現在進行形〟に出合う。現在進行形とは「今、進んでいる」こと、「今○○をしつつある」こと。


（これからは、人と違ってもいいから自分がなりたい大人になろう）

その頃の思いを込めて、「弾けるように解放された女の子を書きたい」と生まれたのは、『イコ　トラベリング　１９４８―』。

　戦後の激動のなか、好奇心いっぱいの前向きに生きる少女の物語。栄子さんの戦後の青春時代が投影された自叙伝的物語だ。

『イコ　トラベリング　1948－』
（KADOKAWA）

ブラジルの風

閉めきっていた窓を開けたの。
そうしたら風が
ふーっと入ってきた。
その風にあたったら、なんかね、
この国で生きていけるかも
しれない、って思ったの。

「作家・角野栄子」が誕生するきっかけとなったのはブラジルでの体験にある。

栄子さんがブラジルに渡ったのは1959年、24歳。結婚した翌年だった。1ドル360円。日本人がまだ自由に海外に行き来できない時代、自費移民としての渡航であった。

着いた当初は現地の暮らしにまったくなじめなかった。市場には大きな牛の半身がぶら下げられ、肝臓や胃袋といったものがあちこちに並べられている。

「どうやって買っていいのかも分からなくて」

思うように買い物もできない、知り合いもいない、聞きたいことも聞けないし、伝えたいことも伝えられない。

「それで、すごくしょげちゃったのね」

でも、何とかして生きていかなくちゃいけない。

「そう思って、ふっと窓を開けたわけ。それまで閉めきっていた窓を開けたら風がふーっと入ってきたの。その風にあたったとき、思った。この国で生きていけるかもしれないって。人間って

アパートで

不思議よね。やっぱり自然の生き物なのね」

外に出て空気を胸いっぱいに吸い込む。町の音を聞き、行き交う人々を眺め、土地の雰囲気に身をゆだねる。肌でこの場の空気を感じ取ることが大事なのだ。

スリッパから靴に履き替えて、栄子さんは街へ出かけた。

そして、ブラジルは第二の故郷となっていった。

ルイジンニョ少年

Eiko também tem

um coração, certo?

エイコにも、

コラソンがあるだろう？

同じアパートで出会ったルイジンニョこと、ルイス・カルロス・ディアスさん。作家としてのデビュー作『ルイジンニョ少年　ブラジルをたずねて』のモデルになった11歳の少年だ。

「すごくやんちゃで、典型的なブラジルの男の子だった」

ルイジンニョとの出会いが、栄子さんのブラジルでの生活を大きく変えた。

彼は栄子さんと市場へ買い物に行ったり、流行の音楽を一緒に歌ったりして、日常生活

ルーチとルイス（ルイジンニョ）母子

の中でポルトガル語を教えてくれた。一家の部屋に招かれて食事をごちそうになることもあった。栄子さんはルイジンニョを通して、ブラジルの食べ物や人々の暮らし、伸びやかな国民性を知ることになった。

忘れられないのがカーニバルの日。

人々は音楽に合わせてサンバを踊っていた。そのとき、

「ルイジンニョが私にも、踊れ、踊れ、踊れって言うんですよ。でも、私は恥ずかしくて踊れないと首を振ったの。そうしたら『Ｅｉｋｏ、コラソンがあるだろう？』って言うんです。コラソンとは『心（ハート）』のこと。『コラソン』のビート（音）は、僕のもＥｉｋｏのも同じだろう？　だったら、『僕が踊れるんだから、Ｅｉｋｏが踊れない、歌えないということはない』って言ったんです。このとき私はハッとしました」

２０１８年、「国際アンデルセン賞 作家賞」を受賞したときのスピーチでも、栄子さんはこのことを語っている。

ルイス（ルイジンニョ）

「もしブラジルに行かなかったら、もしルイジンニョに出会っていなかったら、私は作家になっていなかったかもしれない。だから彼はとても大切な人です」

『ルイジンニョ少年
ブラジルをたずねて』（ポプラ社）

思い出は待っている

思い出っていうのは
過去のことですよね。
でも、それが未来で
待っている。

YouTubeでルーチの歌を見つけ喜ぶ栄子さん

栄子さんは、62年ぶりにルイジンニョとの再会を果たした。それまで音信不通、どこで何をしているのか一切分からなかったけれど、ルイジンニョの母親でサンバ歌手だったルーチの歌声がＹｏｕＴｕｂｅに上がっているのを見つけたのだ。その後、ルイジンニョのＦａｃｅｂｏｏｋも見つけた栄子さん。思い切ってメッセージを送ると返事が来た。そして２０２３年の秋、

空港で栄子さんが出迎えたルイジンニョ夫妻

彼は妻とともに来日した。

ルイジンニョは連邦警察に勤めたあと、大学で教鞭《きょうべん》をとり、今はリタイア後の暮らしをゆっくりと楽しんでいるという。現在、75歳。

空港で再会した二人。

「Ｅｉｋｏは子どもの相手をするのがとても上手だった。栄子の家にある日本の分厚い本を読もうとしたら、『日本の本は反対から読むのよ』と教えてくれた（ブラジルの本は左開き、日本の本は右開きのため）」

「可愛い子どもだったわね」

「過去形？」

ルイジンニョが栄子さんの家を訪ねてきた

「いえ、現在形よ（笑）」

「Ｅｉｋｏはまるで息子のように可愛がってくれた。その思い出を、『ルイジンニョ少年』という本にして、永遠に残るかたちにしてもらえるとは思ってもみなかった」

栄子さんが日本に戻ってから、ルイジンニョの両親は離婚。彼は父方の祖父母に預けられたという。

「この本は、私の人生の幸せな時代を思い出させてくれた。最高のごほうびをもらった気分だよ」

ルイジンニョと魔法の文学館へ

「作品の登場人物一人一人の中に、
生きたEikoが入っている気がする。
作品を読んだ人やここを訪れた人は
Eikoの一部を持って帰るんだろうね」

魔法の文学館

「いちご色」の館内

２０２３年11月、東京・江戸川区のなぎさ公園に「江戸川区角野栄子児童文学館」がオープンした。通称〝魔法の文学館〟。

「子どもたち自身が心を動かして、面白さを見つけ、そこから自分の世界を発見して、想像力豊かな心を育《はぐく》めるような場所にしたい」という、角野さんの願いを込めてつくられた。

出来上がったばかりのそこへ、栄子さんはルイジンニョ夫妻を案内した。

真っ白な建物の中に一歩入ると、圧倒的な「いちご色」の世界が広がった。栄子さんの頭の中にあったイメージを、娘のりおさんがイ

ラストに起こし、アートディレクターとして内装を監修した。

「Ｅｉｋｏの一番好きなピンク色だね、すばらしい！」

文学館の本棚には、１万冊もの世界中の児童書が並んでいる。

「本を選んだのはＥｉｋｏ？」

「そう、私よ。子どもの頃に読んだ本が面白ければ、大人になっても本が好きでしょう。面白くない本だったら読むのを止めちゃう。子どもには本を好きになってほしい。だから私が面白いと思う本をセレクトしたの」

「作品の登場人物一人一人の中に、生きたＥｉｋｏが入っている気がする。作品を読んだ人やここを訪れた人は、Ｅｉｋｏの一部を持って帰るんだろうね」

ルイジンニョは納得したようにつぶやいた。

そして、別れのとき。

「Ｅｉｋｏ、ありがとう。本当にありがとう。また来るよ。本当だよ。また来るから」

「（それまで）元気でいなくちゃダメよ」

「もちろんだよ」

物語の終わり

「どうして終わるんですか」って
聞かれるけど、
きっとね、キャラクターを
すごく愛しているから。

物語の世界で私も一緒に遊んで面白い思いをさせてもらっているの。
そして、もうそろそろ帰ろうか、「カラスが鳴くから帰ろうか」みたいな感じで物語が終わるのよ。

魔法とは？

その人の喜び。
喜びを見つけることだと思う。
私にとっては書くことね。
書くことがこんなに面白いなんて。
一生続けていきたいと思ってる。

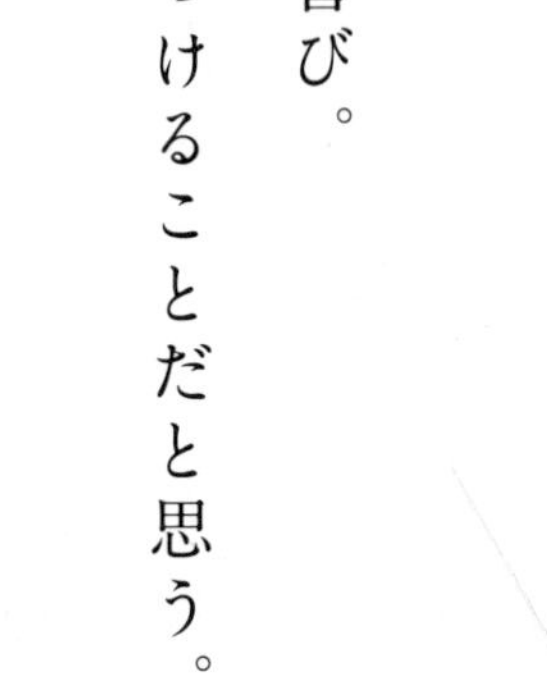

だから誰にでもひとつだけは魔法はある。
いくつもはない。
いくつもある必要はないんですよ。
魔法はいくつもあったら、
魔法じゃなくなっちゃう。
何でも叶《かな》えられたらつまらないでしょう。

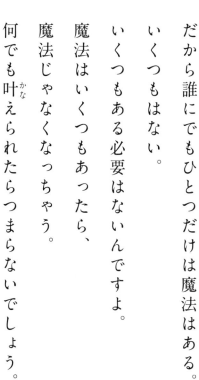

あふれんばかりの好奇心と冒険心

宮川麻里奈［監督］

20歳になる娘が言うのです。

「『魔女の宅急便』がなかったら、私は思春期をうまく通過できなかったかも」と。

主人公キキと同じ13歳ごろの、対人関係や自分自身のままならなさに悩む時期、娘にとって「魔女の宅急便」シリーズは、折に触れて読み返す、いわば精神安定剤のようなものだったそう。

私はそんなこととはつゆ知らず（苦笑）、あるインタビュー記事で角野さんのことを知り、「『魔女の宅急便』の作者はこんなにおしゃれで素敵な人なんだ」「1950年代にブラジルに移住しちゃうなんて、ぶっ飛んでる！」と驚き、「いつかこの人を取材したい」と思っていたのです。

あるとき角野さんのライフスタイルを紹介する『角野栄子の毎日 いろいろ』という本が出ていることを知り、手にとった瞬間、確信しました。「これは絶対、番組になる」。

なのに角野さんご本人に会いに行ってみると、「私の暮らしなんか、何にも撮るものないわよ」「あっという間にネタが尽きちゃうわよ」と真剣に諭される始末。実際どうだったかは、番組が4年続き、こうして映画化までされたことを考えると明らかなのですが。

ただ、撮影を始めた直後にコロナ禍に見舞われたのは想定外でした。カメラだけお部屋にセットさせてもらい、駐車場に停めたロケバスの中から映像を見られるようにして、マイクで呼びかけながら撮影する、なんてことまでやりました！ 監視カメラで撮ったようなちょっと変な映像は、そのときのものです。

おちゃめで頭の回転が速く、そして何よりも自由な角野さん。その精神の自由さ、のびやかさに圧倒されながら、あっという間に4年が経ちました。

角野さんはとにかくよく食べ、よく笑います。お蕎麦屋《そばや》さんに入れば一人だけ「もう1枚！」とおかわりしてペロリ。大好物の和菓子を手土産に持って行けば、撮影そっちのけで「お菓子いただきましょ」「早く食べましょうよ」と気もそぞろ（笑）。自慢したあとも自虐したあとも「はっはっはっ」「ふっふっふっ」と大笑い。なにしろいつお目にかかっても「愉快」――愉《たの》しく快い――そのものなのです。

いっぽうで、『魔女の宅急便』をはじめとする作品群に、いかに角野さんの歩んできた道、人生のエッセンスが凝縮されているかを発見し、感動を新たにすることもしばしばでした。
番組を見て、角野さんを「日本女性の希望」と言った人がいます。何でもない日常の1コマ1コマを生き生きとさせる「ありかた」、88歳にしてあふれんばかりの好奇心と冒険心。角野さんという地球上見渡しても稀《け》有《う》な「魔女」のハッピーオーラを浴びたら、誰しも勇気をもらって、歩き出せるはずです。

みやがわ　まりな
徳島市生まれ。東京大学教養学部卒。1993年NHK番組制作局に入局。「あさイチ」などを担当した後、現在は「所さん！事件ですよ」「カールさんとティーナさんの古民家村だより」などのプロデューサーを務める。一男一女の母。

角野さんはインスピレーションの源

藤倉 大
［作曲家］

ある日、宮川麻里奈さんから角野栄子さんのドキュメンタリーの番組を作るので、1曲テーマ音楽を作ってもらえませんか？　というメールが届いた。僕はコンサートで演奏される音楽を書く、時に「現代音楽の作曲家」と紹介される作曲家だが、実は手元にはテレビや映画の音楽をスコアするのに役立つソフトや機材がかなり揃っている。今までオファーをしてくれる人があまりいなかったので、オファーは嬉しかった。

さっそく角野さんのインスタ、動画、エッセイ、作品など、ネット上で手に入る情報を片っ端から見ていたら、インスピレーションが一気に湧いてきて、数時間で楽曲ができてしまった。角野さんの話し方、話す内容、動き方などを観察していると、とてもリズミックで、一瞬見ただけで音楽が湧いてくる。宮川さんはまずは「テレビの番組のための音楽を作ることに興味があるか尋ねたつもりだったのに、もう曲ができちゃったなんて……！」と驚いていたが、翌日さらにもう1曲作った。もちろん退屈な契約などは後からだ。そのくらい僕は角野さんという存在に触発されて、その瞬間作りたい、と思ってしまった。

宮川さんは「藤倉さんの曲を聴いた瞬間、『ああ、こういう世界観の番組なんだ』と、逆に音楽に教えられた。撮影に入る前、編集に入る前、要所要所でスタッフに聴いてもらうと、瞬時にイメージを共有できた。まるで藤倉さんの音楽に導かれるように番組を作っていくという、かつてない経験をさせてもらった」と言ってくれた。

その後も、番組の続編制作が決まる度に、宮川さんから「今度は角野さんのこの作品をフォーカスして、こんな音楽が欲しい」など、一言、二言のキーワードが届いた。シュールでちょっと怖い「イエコさん」とか、食いしん坊な「おばけのアッチ」など、絵や文章を見た瞬間に音楽が湧いてきた。ほとんどの曲は、だいたいその日かその次の日までに作ったものばかりだ。

僕は角野さんご自身にはまだお会いしたことがない。でもこれだけ何回も番組を観ていると、なんだか会ったことがある方のように思える。僕にとっては、角野さんはインスピレーションの源であり、湧いて溢《あふ》れてくる音を全部掴《つか》むべく、噴水の水を全部こぼさずに取り込もうとするような感じで作らせていただきました。

ふじくら　だい
大阪生まれ。15歳で単身渡英、ロンドンを拠点に活躍。2017年ベネチアビエンナーレ銀獅子賞など数々の音楽賞を受賞。世界各国のオーケストラや演奏家からの委嘱が集中するなか、映画音楽を全編にわたり手掛けるのは初。

ママ角野栄子

くぼしまりお

母親としての栄子さんは変わっている。正直にママは変わっていると言うと、怒る。または、そんなこと言わないでよぉ〜と、悲しむ。

5歳のある日、私は熱を出していた。だが、栄子さんは赤いタータンチェックの毛布に私をくるむと、ヨーロッパへと旅立った。まだまだ外国旅行はめずらしい時代のことである。ましてや母親と5歳の娘のぶらり旅なんて、レア中のレア。よく出かけて行ったものだと思う。

そんな大胆な行動をとる栄子さんは、実は誰もが驚く、超〜、心配性なお母さんだ。すぐに「死んじゃう、死んじゃう、りおちゃん、死なないで〜！」と言う。有難い話である。でも、思春期の私には荷が重すぎた。そこで「多かれ少なかれ世のお母さん方は皆さんそうだとは思いますが、ママの心配性は度が過ぎます。ちょっとウザいっ！」と、言ったことがある。すると「あなたは赤ん坊のころ病弱だったの。そりゃ〜、心配したものよ。ママのお母さんは、ママがまだ小さなときに亡くなっているの。ママは、あなたもすぐに死んじゃうような気がして、いつもビクビクしていたわ。怖くてたまらなかったわ。そういう気持ち分かってよ」と、泣き落としの反撃にあった。私は負けた。ウザいなんて言って悪かったな、と反省した。でも……、冷静になって考えてみる。ヨーロッパ旅行に出かけたとき、私は5歳のチビだった。おまけに熱も出していた。栄子さんは、私が死んじゃうって思わなかったのかな？　飛行機に乗って外国へ行くことに不安を感じなかったのかな？　で、この疑問を栄子さんにぶつけてみた。返ってきた言葉は、「そんな過去のこと、覚えてないわ」だった。

私と母の関係は、この話に尽きると思う。少なくとも私は、そう思っている。

自由奔放な栄子さん。私は最高に可愛がられて育ったが、栄子さんにとって何か都合の悪いことが起きると、過去のことは分からないわ、の一言で、終わり。常に未来だけを見ている栄子さんらしいと言えば栄子さんらしいけれど、過去のことよ！　で、何もかも片付けられる娘はたまったもんじゃない。

こういう、たまったもんじゃないとか、腑《ふ》に落ちないという感情を、娘は母親との間で可能な限り持ちたくないものである。80歳を過ぎた母親とは尚更《なおさら》だ。何か回避する良い方法はないものか？

考えに考えて、ある日、ぴょこんと、閃《ひらめ》いた。一緒に遊べるコンテンツを持てばいいのだ。私と栄子さんにとって、それはファッションだった。

きっかけは、栄子さんが「毎日のお洋服を考えるのが面倒になった。りおちゃん、代わりに考えてくれない？」と言い出したこと。

栄子さんが身につけるお洋服、アクセサリー、バッグに靴。その全てを私が考えることになった。栄子さんは、私が考えたコーディネートに文句を言わない。ルールは、これだけ。

「このワンピースの柄は、ちょっと、派手じゃない？」最初から、まったく文句が出なかったわけじゃないけれど「約束でしょ？」と言えば、渋々でも栄子さんは着てくれた。そして、不思議なことに、その派手なワンピースが、出かけた先で、めちゃくちゃ褒められたりするのだ。栄子さんは、ニコニコご機嫌で帰宅。こうして栄子ファッションは、どんどんカラフルになっていった。

ちなみに私は、角野栄子作品をほとんど読んだことがない。

故意に読まなかったわけではなく、結婚したり、海外生活が長かったりで、結果的に読むタイミ

ングを失ってしまい、今日まで来てしまったのだ。
でも、ここまで読まずにきたのなら……。
母がいなくなったいつの日か。私は、母の本を手に取ることだろう。そこには、母の過去がある。私は、初めて、母の過去を知るのだ。それが私にとって、幸福で素敵な未来に思えるのだ。

くぼしま　りお
東京生まれ。文化学院美術科卒業。アートディレクター。江戸川区角野栄子児童文学館の「コリコの町」など、館内の内装デザインを手掛ける。著書に『50代になった娘が選ぶ母のお洋服　魔法のクローゼット』、「ブンダバー」シリーズなどがある。

角野栄子年譜

1935（昭和10）
0歳
東京、深川に生まれる

1938（昭和13）
3歳
江戸川区北小岩に住居を移す

1940（昭和15）
5歳
生母が病死

1941（昭和16）
6歳
父が再婚。太平洋戦争勃発

1970（昭和45）
35歳
デビュー作
『ルイジンニョ少年 ブラジルをたずねて』
を刊行

1989（平成元）
54歳
『魔女の宅急便』が
スタジオジブリ
長編アニメーション映画化

1998（平成10）
63歳
継母死去、父死去

2001（平成13）
66歳
鎌倉へ転居

（2023年10月30日現在）

1945（昭和20）
10歳
千葉県に疎開。終戦

1953（昭和28）
18歳
早稲田大学入学

1958（昭和33）
23歳
結婚

1959（昭和34）
24歳
ブラジル・サンパウロ市に移住

1961（昭和36）
26歳
帰国

1966（昭和41）
31歳
長女りお誕生

2018（平成30）
83歳
国際アンデルセン賞作家賞受賞

2023（令和5）
88歳
魔法の文学館
（江戸川区角野栄子児童文学館）開館

映画
「カラフルな魔女　角野栄子の物語が生まれる暮らし」

語り
宮﨑あおい

監督
宮川麻里奈

音楽
藤倉大

プロデューサー
山田駿平

宣伝プロデューサー
大﨑かれん

編集部協力
岡山智子

ラインプロデューサー
松本智恵

撮影
髙野大樹

編集
荊尾明子

音響効果
河原久美子

監督補
岡澤千恵

制作
NHKエンタープライズ

制作協力
角野栄子オフィス　エネット

映像提供
NHK

製作・配給
KADOKAWA

NHK　Eテレ番組放送
「カラフルな魔女～角野栄子の物語が生まれる暮らし」

2020年

11月22日
カラフルな魔女の物語～角野栄子85歳の鎌倉暮らし「魔法のワンピース」

11月29日
カラフルな魔女の物語～角野栄子85歳の鎌倉暮らし「いたずら描きとさんぽ」

2021年

8月19日
カラフルな魔女～角野栄子の物語が生まれる暮らし（以後同タイトル）「海と旅」

2021年

8月26日
「見えないものを見るメガネ」

10月18日
「魔法のトマトソース」

10月30日
「特別編・上白石萌歌さんと」

2022年

9月19日
「旅は心のストレッチ」

10月13日
「深川センチメンタルジャーニー」

10月20日
「隈研吾さんと“家”のはなし」

10月27日
「ここではないどこかへの旅」

2023年

10月1日
「88歳おしゃれの現在地」

（日付はすべて初回放送日。2023年10月30日現在）

イラスト
角野栄子

デザイン
加藤寛之

文
葛山あかね

協力・出典
角野栄子オフィス
一般財団法人角野栄子児童文学財団
江戸川区
NHKエンタープライズ
エネット
馬場わかな（写真p47，p56，p58-59）
『「魔女の宅急便」が生まれた魔法のくらし 角野栄子の毎日 いろいろ』
『50代になった娘が選ぶ母のお洋服 魔法のクローゼット』（共にKADOKAWA）より
アリエスブックス『いろはにほほほ』
偕成社『はなとりかえっこ』
金の星社『ネッシーのおむこさん』
講談社『大どろぼうブラブラ氏』
小学館『いたいときのおまじない』『月さんとザザさん』
福音館書店『サラダでげんき』
ポプラ社『リンゴちゃんのいえで』

本書は映画「カラフルな魔女　角野栄子の物語が生まれる暮らし」（製作・配給：KADOKAWA）から抜粋した映像等を中心に編集したものです。

カラフルな魔女《まじょ》　角野栄子《かどのえいこ》の物語《ものがたり》が生《う》まれる暮《く》らし

2024年1月17日　初版発行

監修／株式会社KADOKAWA

発行者／山下直久

発行／株式会社KADOKAWA
〒102-8177　東京都千代田区富士見2-13-3
電話　0570-002-301（ナビダイヤル）

印刷・製本／図書印刷株式会社

●お問い合わせ
https://www.kadokawa.co.jp/（「お問い合わせ」へお進みください）
※内容によっては、お答えできない場合があります。
※サポートは日本国内のみとさせていただきます。
※Japanese text only

定価はカバーに表示してあります。

ISBN 978-4-04-113753-6　C0095